HERPERS
Publishing International

A CIP catalogue record for this book is available from the German Library.
(http://dnb.d-nb.de)

Bibliografische Information der Deutschen Nationalbibliothek
Die Deutsche Nationalbibliothek verzeichnet diese Publikation in der Deutschen Nationalbibliografie; detaillierte bibliografische Daten sind im Internet über http://dnb.d-nb.de abrufbar.

www.herpersverlag.de
www.praxis-zeichnen.de

ISBN: 978-3-946268-68-0

York P. Herpers

Praxis Zeichnen

XL Übungsbuch 3: Nylon Fashion

HERPERS
Publishing International

Freihändiges Zeichnen – leicht gemacht!

Auch in einer digitalen Welt ist die freihändige Skizzierung ein ***Erfolgsrezept*** für beeindruckende Kunstwerke. Die ***eigene Hand*** macht einen Künstler ***einzigartig***.

Viele Menschen kennen ihre zeichnerischen Fähigkeiten gar nicht. Dabei machen selbst ***ungeübte*** Strichführungen eindrucksvolle Bilder. Die eigene ***Unperfektion*** macht Ihre Bilder zu Kunstwerken.

Dieses Übungsbuch macht Sie zum Künstler

Das ***Abpausen*** ist eine simple und ***bewährte Methode***, das freihändige Zeichnen zu erlernen. Nach Ihren Übungen mit diesem Buch werden Ihnen Skizzen auch ohne Vorlage gelingen, weil Sie ein ***Gefühl für Proportionen und Konturen*** entwickeln.

Es entstehen ***schon beim ersten Versuch beeindruckende eigene Zeichnungen***.
Es sind ***Originale***, die Sie auch mit Ihrem Namen ***signieren*** können. Es ist Ihre Hand, die das sehenswerte Kunstwerk geschaffen hat.
Die ***schönen Motive*** machen jeden Zeichenstrich zur puren Freude.

Nutzen Sie jede freie Fläche, um Ihrer Kreativität freien Lauf zu lassen.

Je nach ***Stiftstärke*** entstehen andere Ergebnisse. Mit einem gespitzten Bleistift erzielen Sie die höchste Detailtreue.

Mit ***Wachsmalstiften*** können Sie Ihre Zeichnung kolorieren oder nur Farbeffekte setzen.

Mit ***Kohlestiften*** entstehen grobe Zeichnungen, die schwierigere Details zu Umrissen werden lassen, aber genauso kunstvoll wirken.

Sie finden ***jedes Motiv zwei Mal als Originalvorlage:*** Einmal zur Probe und das zweite Mal zur verbesserten Umsetzung.

Nutzen Sie die ***Rückseite*** der Skizzenvorlage, um an der spiegelverkehrten Ansicht Ihre ***Linienführung*** oder ***Schattierungen*** zu üben.

Das XL Format macht zum Taschenbuchformat noch mehr Eindruck und ist dennoch handlich und leicht.

Dieses Buch macht einfach nur Spaß!

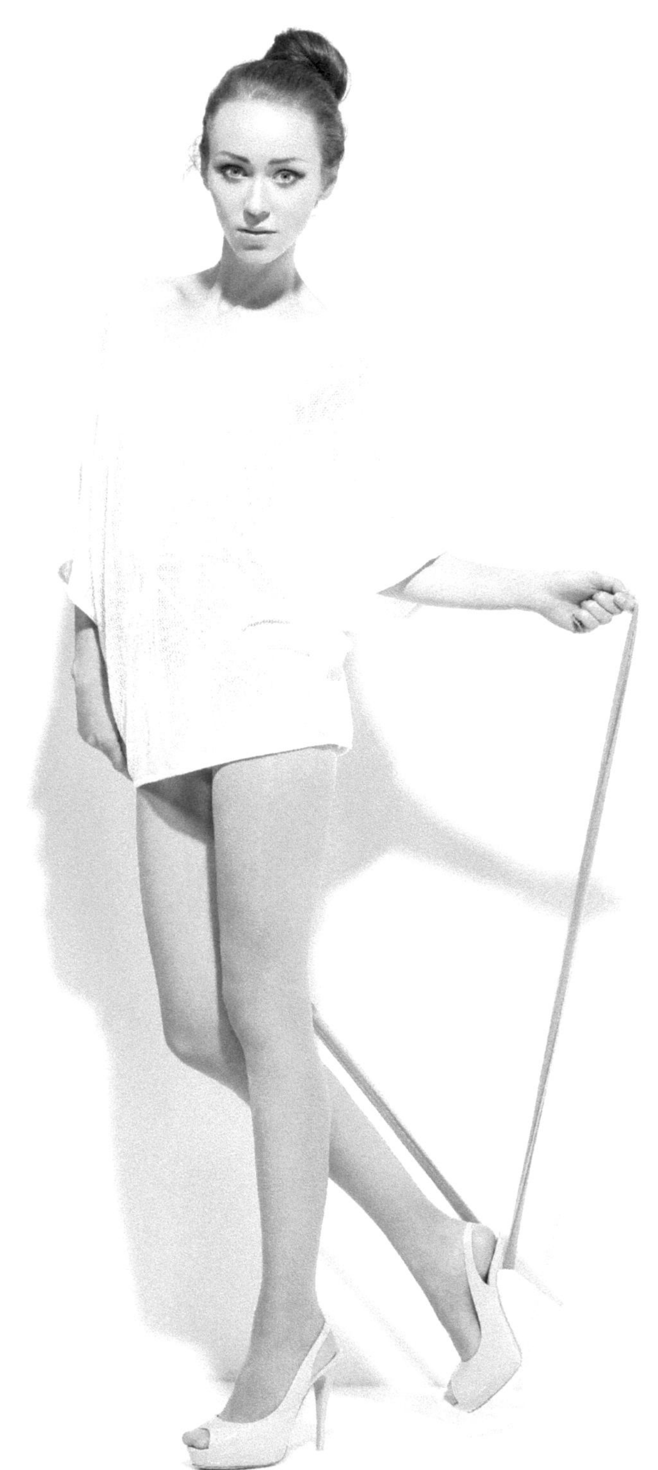

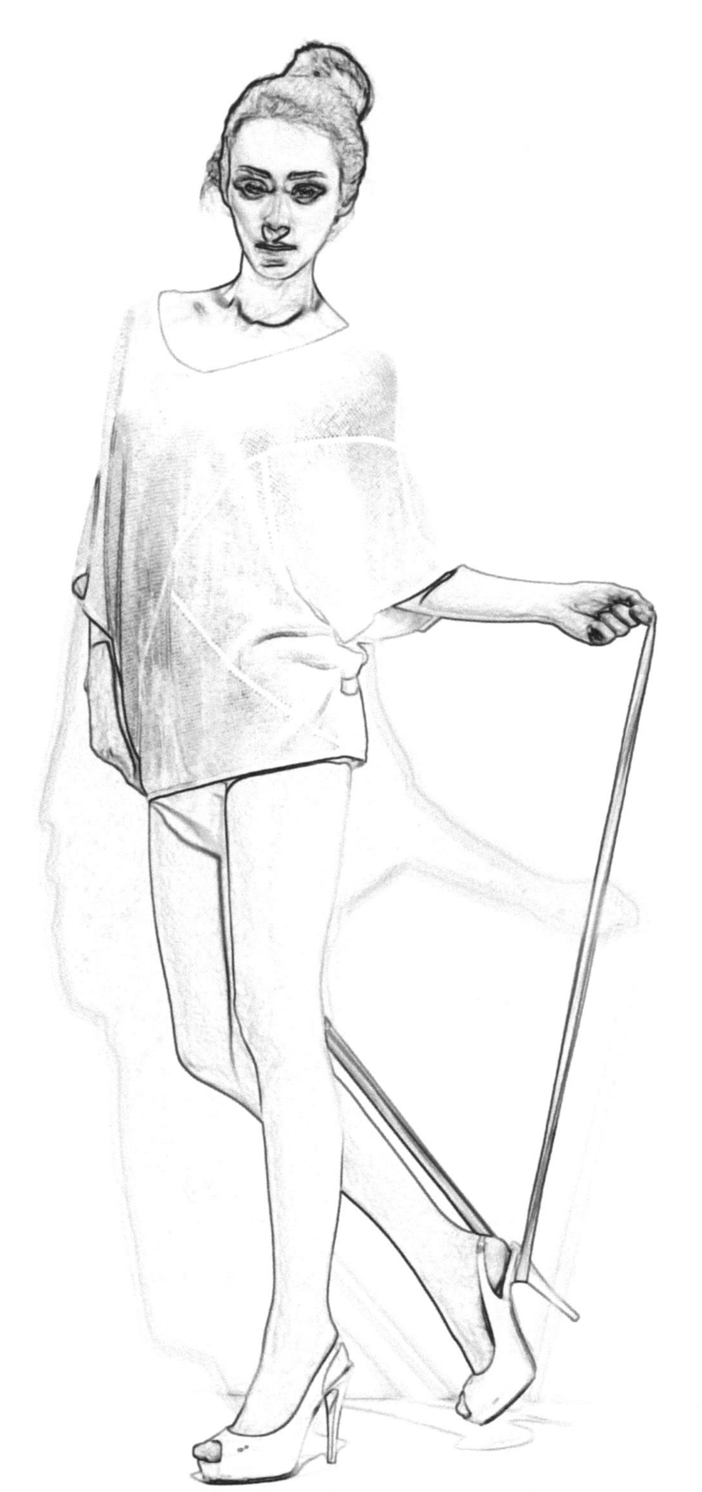

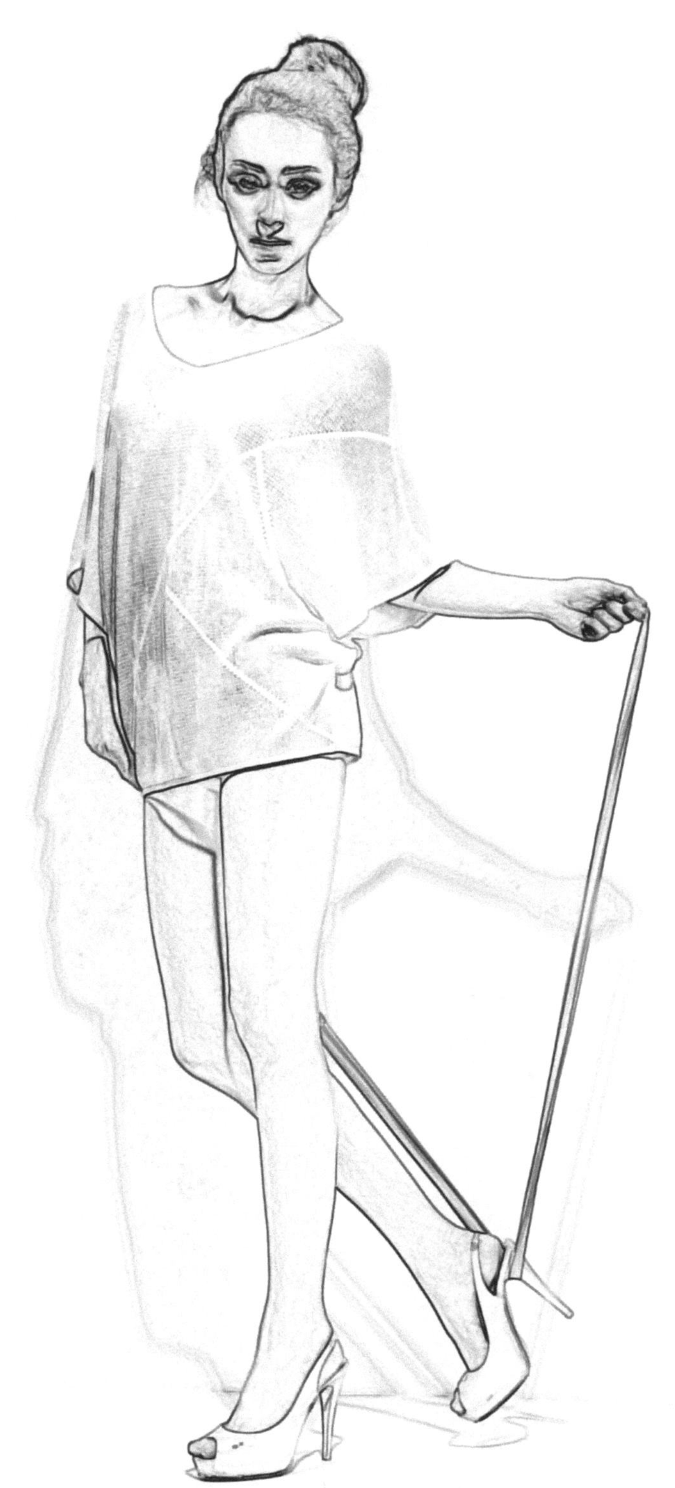

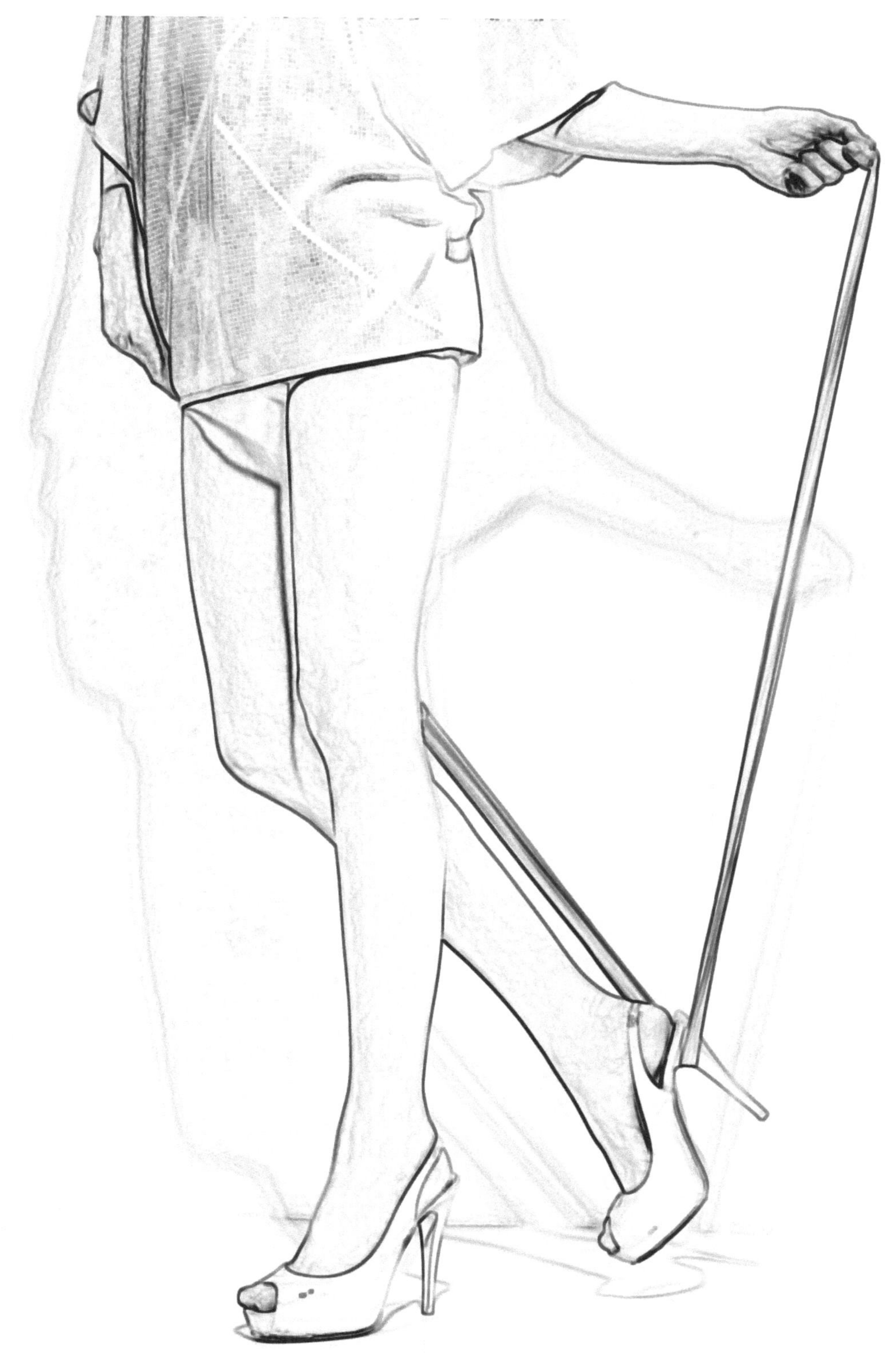

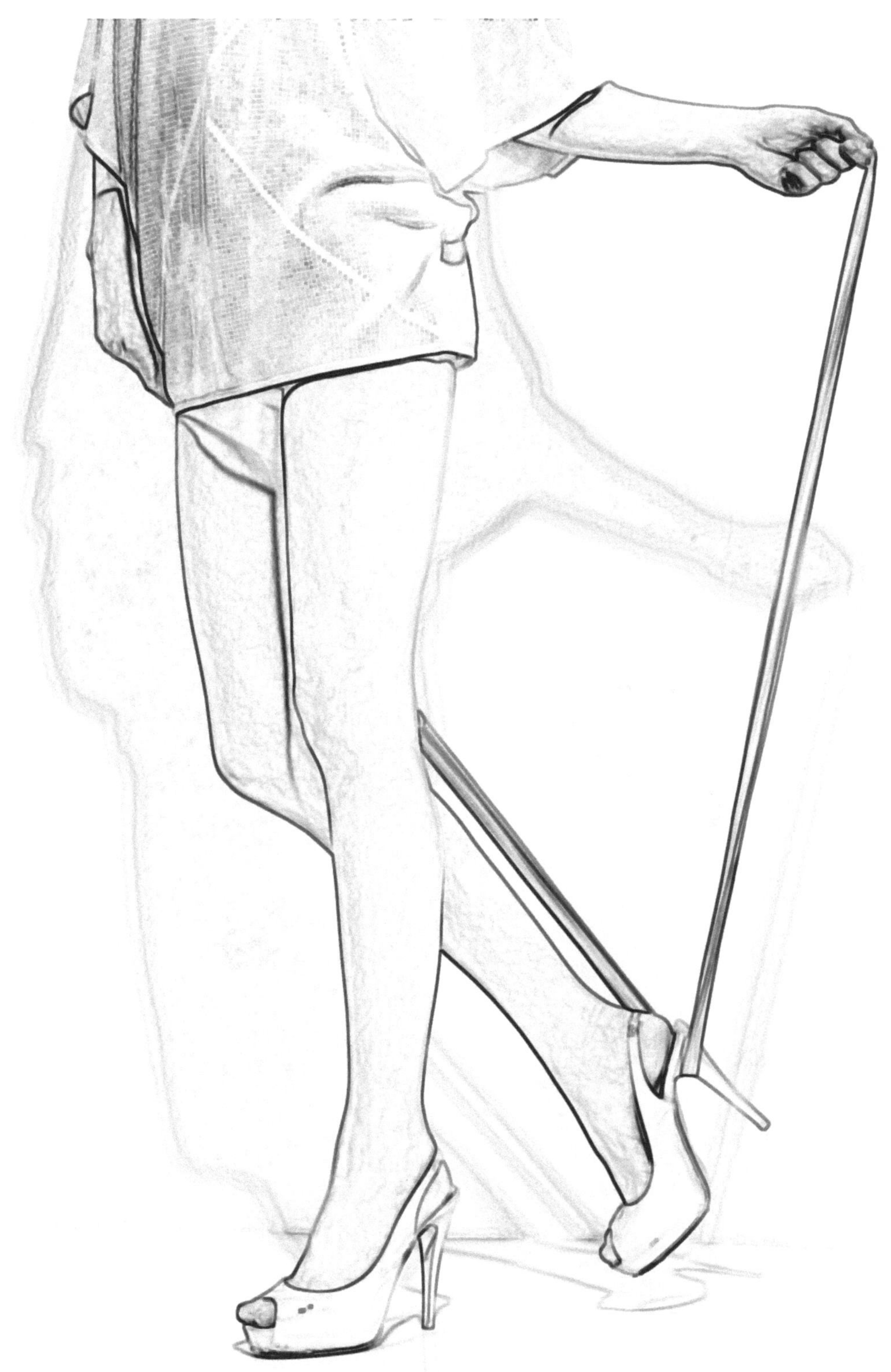

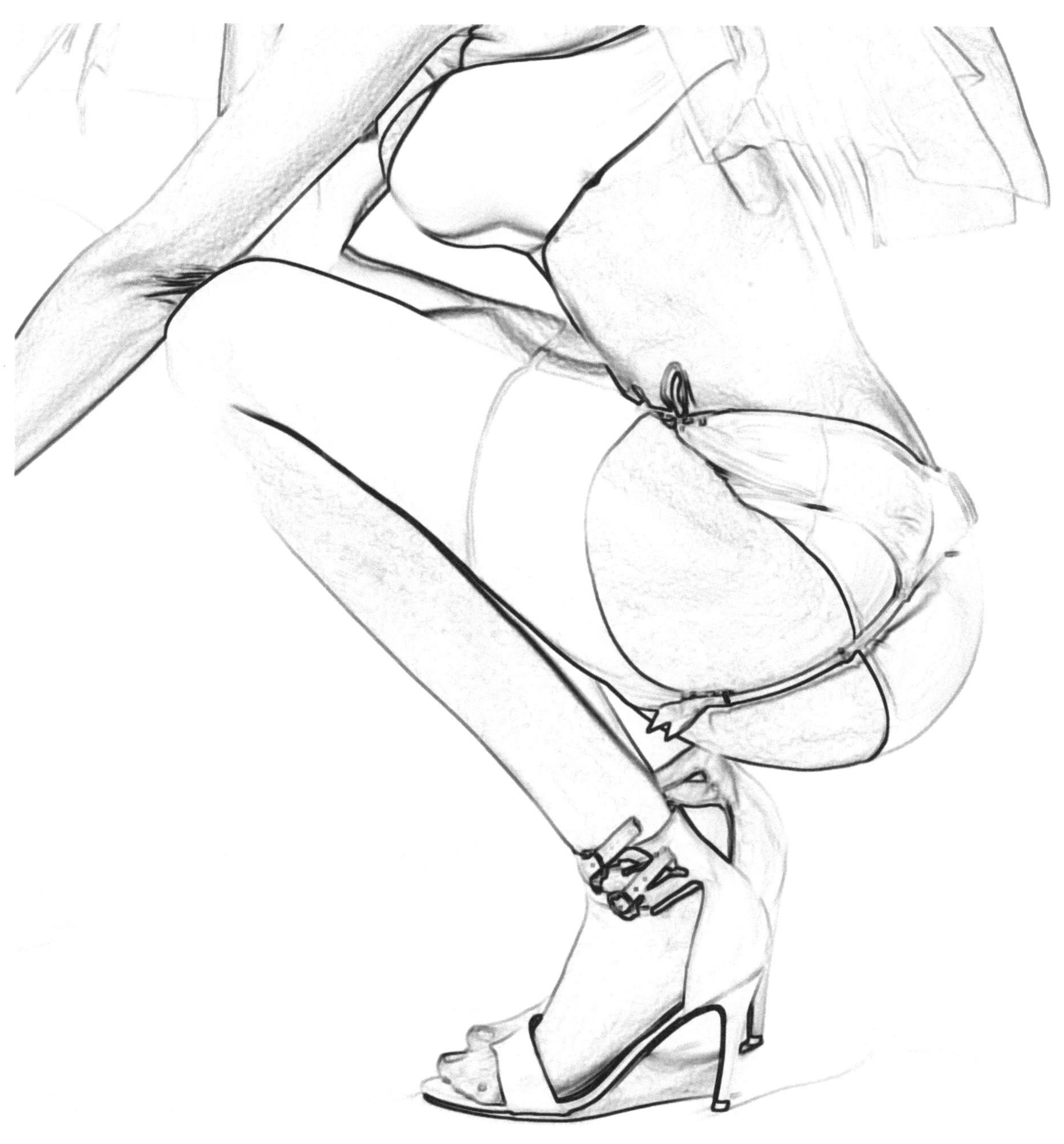

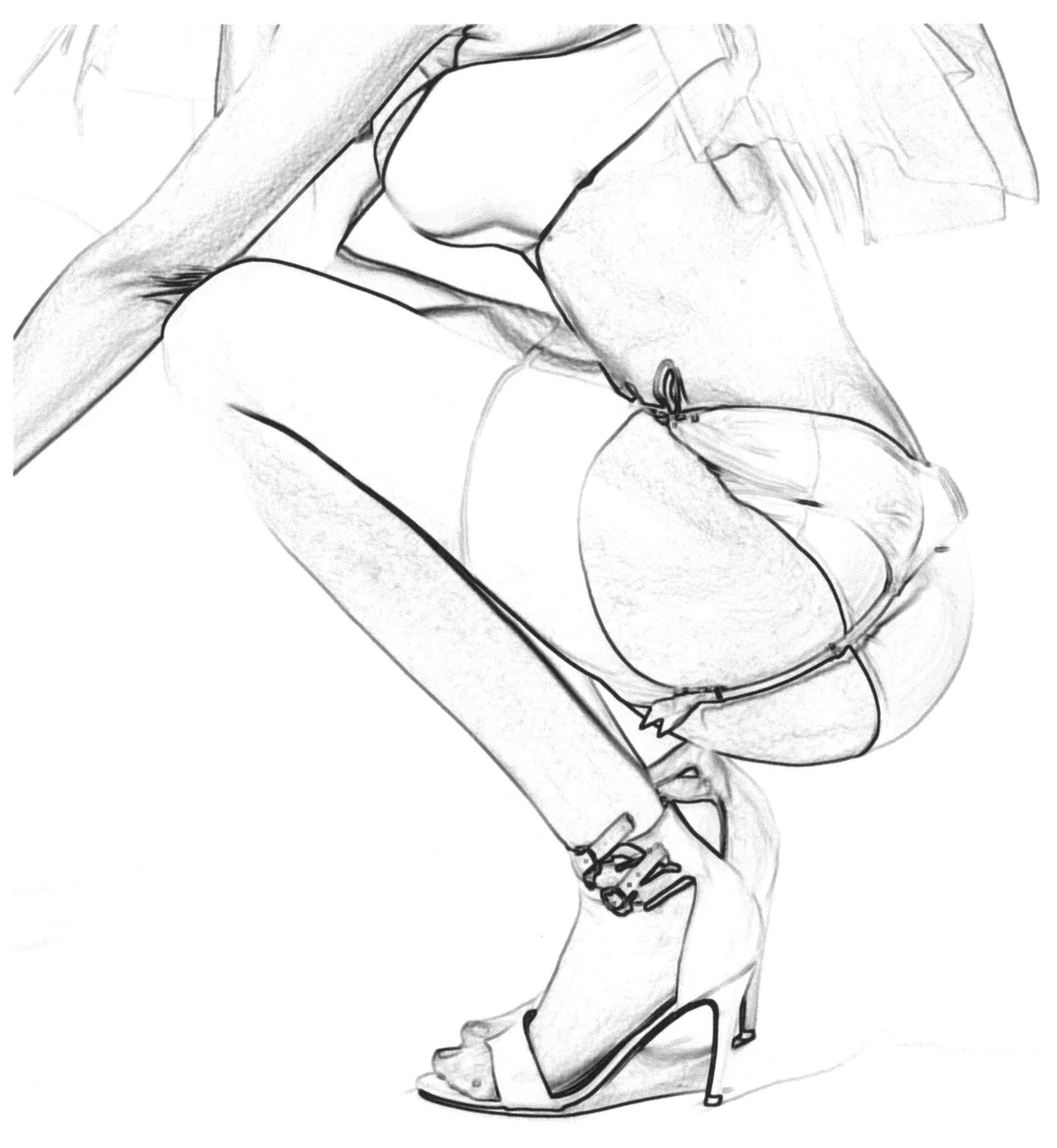

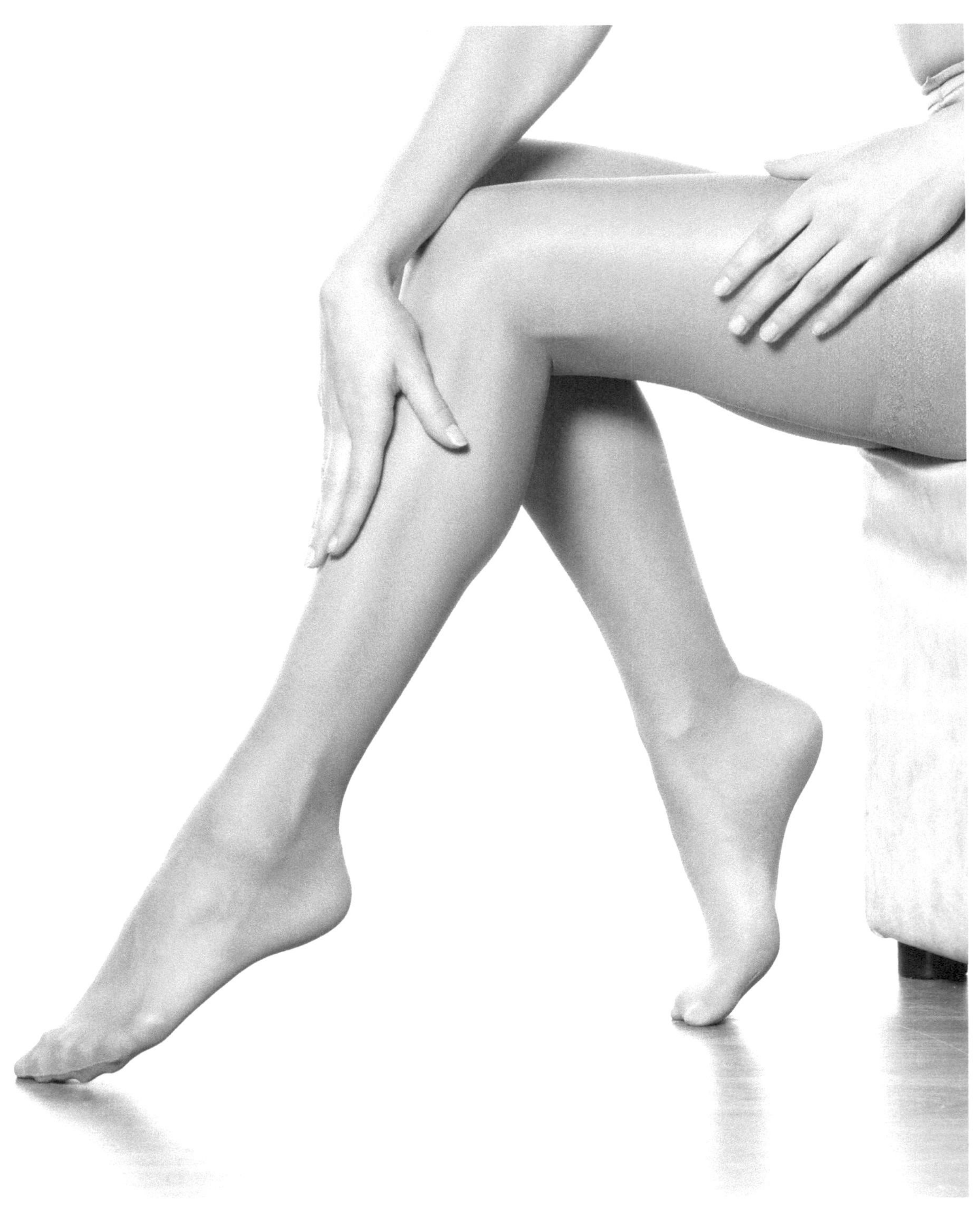

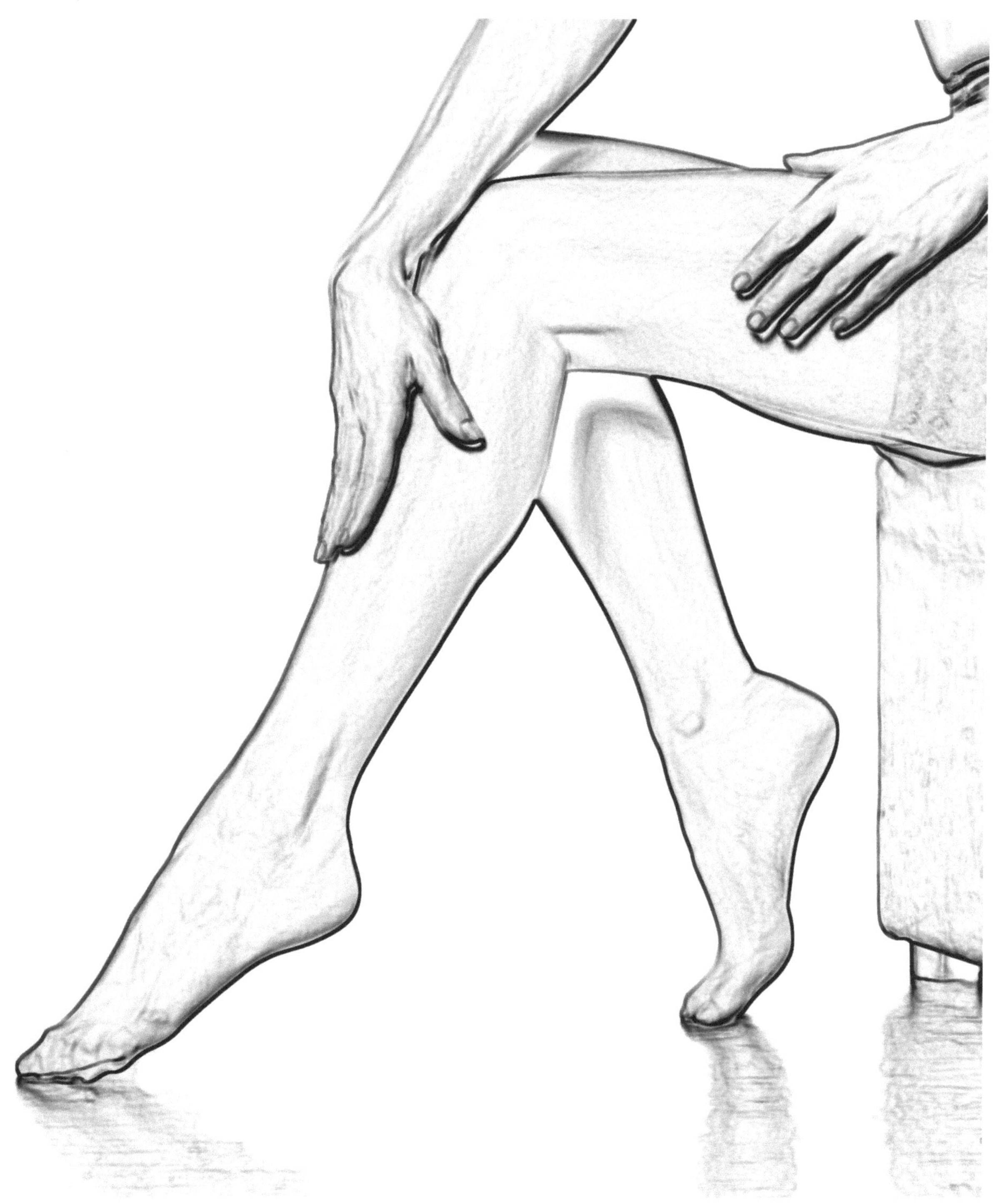

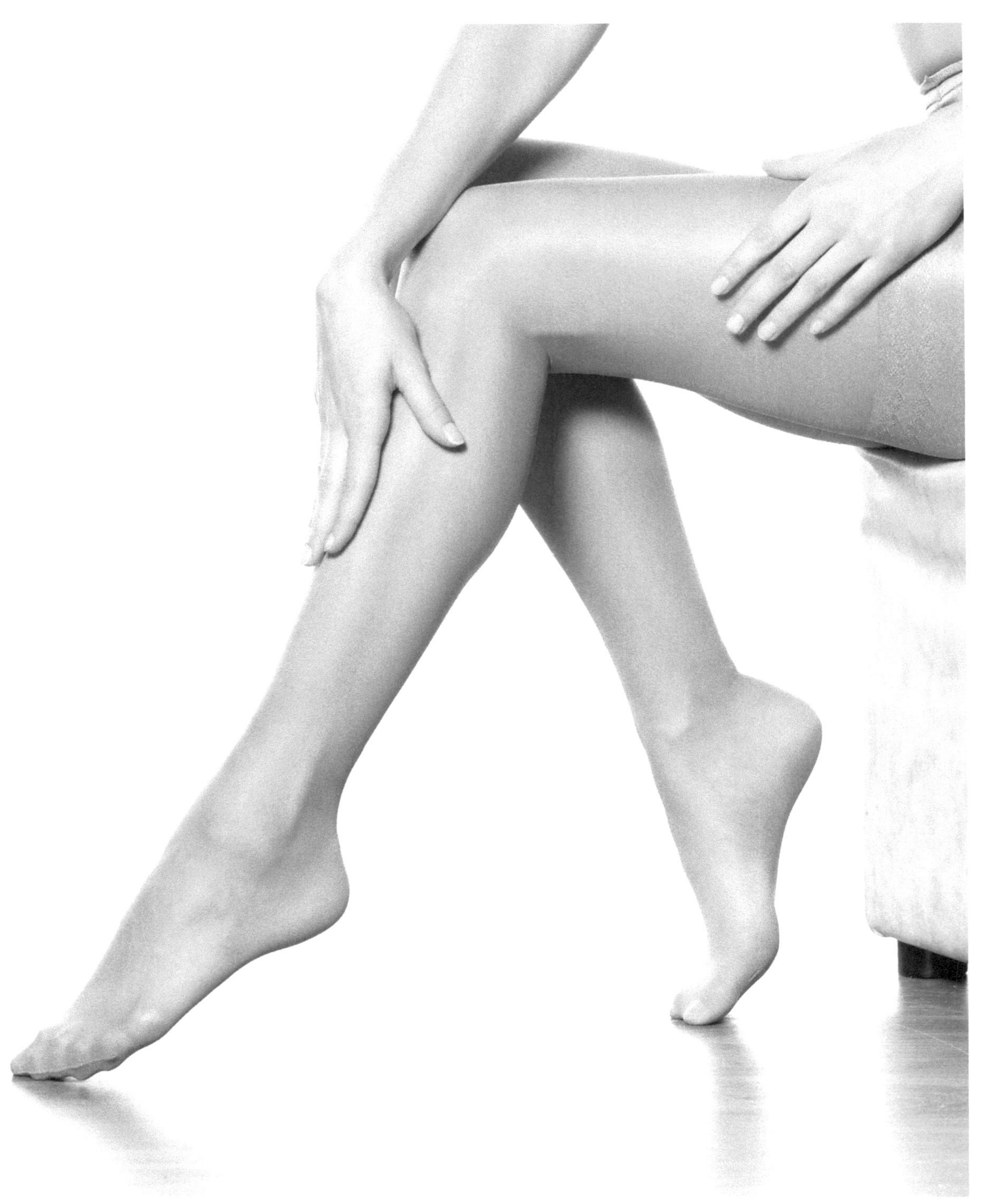

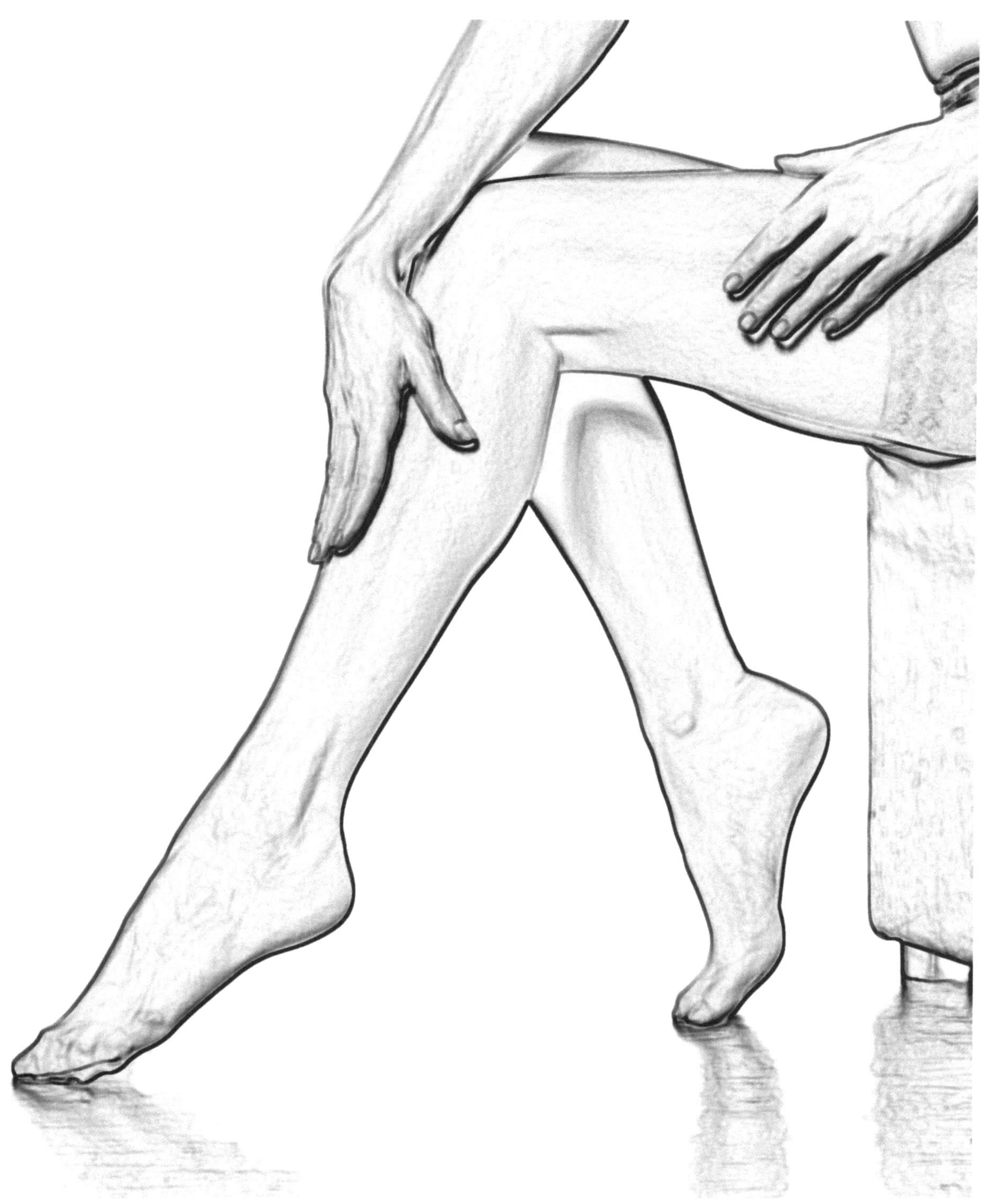

praxis-zeichnen.de

Übungsbuch 4:
Weiblicher Akt

York P. Herpers Praxis Zeichnen

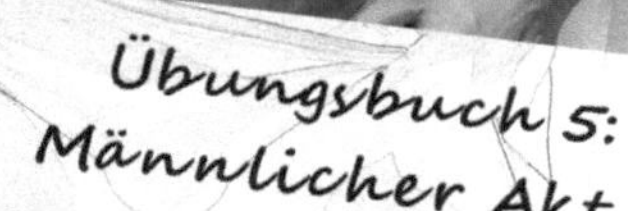

HERPERS Publishing International

York P. Herpers Praxis Zeichnen

Übungsbuch 6:
Portrait

HERPERS Publishing International

York P. Herpers Praxis Zeichnen

Übungsbuch 7:
Liebespaare

HERPERS Publishing International